Die Konfrontation

Gedankenkreisel

Band 3

Jan Kern

Die Konfrontation

Gedankenkreisel

Band 3

Bibliografische Information Der Deutschen Bibliothek:
Die Deutsche Bibliothek verzeichnet diese Publikation in der
Deutschen Nationalbibliografie; detaillierte bibliografische Daten sind im Internet über www.ddb.de abrufbar.

Cover: Nadja Timm
Layout: SichelWerk

1.Auflage
© 2021 – Jan Kern
Herstellung und Verlag: Books on Demand, Norderstedt

ISBN 978-3-753-47598-1

Das Ziel meiner Gedichte

Nicht nur eine bestimmte Gruppe von Menschen anzusprechen, ist mein selbsterklärtes Ziel, sondern jeden Einzelnen von euch.

Inwieweit dies mir aber tatsächlich gelingt, muss sich der Leser letztlich selbst beantworten, da ich stets den Finger dort auf die Wunde lege, wo es auch unerträgliche Schmerzen verursachen kann, die zweifelsfrei zu einen unüberhörbaren Aufschrei in der Gesellschaft werden.

Dabei werden unsere Emotionen mit absoluter Schonungslosigkeit freigesetzt, um auf gesellschaftliche Missstände aufmerksam zu machen, die zukünftig nicht mehr wie gewohnt widerspruchslos und wortlos hingenommen werden dürfen.

Daher kommt es nie zum tödlichen Stillstand des Geistes, sondern vielmehr wechsle ich mehrfach die Seiten, wobei ich mal nur Berichterstatter, manchmal persönlicher Meinungssager oder häufig sogar gnadenloser Ankläger bin.

Die Brisanz des jeweiligen Themas bestimmt hierbei den Tonfall meiner Worte, wobei Verstand und Emotionen gleichermaßen miteinander in Berührung kommen.

Alles geschieht im Bewusstsein, dass die gewählten Worte, die hier ihre Anwendung finden, nicht unbedingt Protestmärsche oder Revolutionen auslösen und schon gar

nicht die Gesellschaft direkt verändert, aber hoffentlich
einen nötigen Denkanstoß zum Nachdenken bewirkt.

(Inspiriert durch Olaf Kay)

(Sommer 2019)

Die Todesstrafe (Der Blick auf die USA)

Im Land der unbegrenzten Möglichkeiten sind zweifelfrei alle negativen Emotionen geweckt, Beweise häufig falsch gedeutet oder sogar manipuliert und schon ist schnell und zügig das gewünschte Todesurteil gesprochen, um die primitiven Rachegelüste der Gesellschaft zu befriedigen.

Erschreckend ist dabei die Tatsache, dass die Gesellschaft sich auf eine Stufe mit den Verbrechen stellt.

Deshalb ist so ein Urteil nichts anderes als ein gesetzlich legitimierter Mord und ist somit moralisch verwerflich.

Nur ein ausreichend gefüllter Geldbeutel und möglichst die „richtige" Hautfarbe garantieren eine faire Verhandlung.

Fakt ist: „Das vollstreckte Urteil ist ein unumkehrbarer Prozess, unabhängig von der tatsächlichen Schuld des Verurteilten".

Daher plädiere ich dafür, dass die Gesetzgeber Amerikas auf die Anklagebank müssen, um für ihre Gräueltaten abgeurteilt zu werden und zwar wegen mehrfachen vorsätzlichen Mordes.

(Inspiriert durch Leo Siekmann/ Albin Kummer/ Claudia Alonso)

(Frühjahr 2016)

Die Bedeutung der Wehrpflicht

Gedanklich betrachte ich die Wehrpflicht, und die Frage entsteht: „Was bedeutet sie eigentlich für mich"?

„Eine bedingungslose Unterwerfung beziehungsweise Kapitulation gegenüber einen veralteten und verkrusteten militärischen System"?

Eher im Gegenteil, da sie gegen die freiheitlich garantierten demokratischen Grundrechte verstößt, nämlich tatsächlich selbst die Wahl zu haben, sich dafür oder dagegen zu entscheiden.

Stattdessen keine eigenen Entscheidungen, sondern Kadavergehorsam gegenüber autoritären Arschlöchern wird verlangt und die Verweigerung, Dienst an der Waffe leisten zu müssen, wird enorm erschwert beziehungsweise nahezu unmöglich gemacht.

Daher bedeutet die Wehrpflicht für mich, die Verpflichtung, sich gegen dieses diktatorische System zu wehren.

Ansonsten entsteht zweifelsfrei ein Gewissenskonflikt für mich, weil der Militärdienst auch bedeuten kann, unschuldige Menschen fraglos und emotionslos wie eine Maschine töten zu müssen, um wirtschaftliche Interessen durchsetzen zu können und zwar im Namen der Demokratie.

(Inspiriert durch Thomas Sichelschmied/Axel Günther/ Hartmut Hohenfeld)

(Anmerkung: Zwar ist die Wehrpflicht ausgesetzt worden, aber eine Wiedereinführung kann nicht völlig ausgeschlossen werden. Daher schrieb ich dieses Gedicht.)

(Winter 2017)

Die Ansprüche des Lebens

Ich frage mich: „Kann das Leben Ansprüche an mich
stellen"?

Schließlich war ich nicht derjenige, der auf die Welt kom-
men wollte.

Ich konnte es mir nicht wirklich aussuchen.

Das Schicksal oder sogar der Zufall war für meine Geburt
verantwortlich, nicht ich.

So werde ich nun ständig mit meiner Existenz konfron-
tiert und muss für alles die Verantwortung tragen.

„Ist so etwas überhaupt gerecht"?

(Frühjahr/ Sommer 2015)

Die Überforderung   Teil 1

Das Leben stürzt auf mich wie eine Lawine ein, ausgelöst
durch die hohe Erwartungshaltung der Allgemeinheit.

Mein Problem: „Ich stehe am Abgrund und weiß nicht,
was ich tun soll, da ich starr vor Angst bin".

Die Masse, die sich jetzt immer schneller auf mich zube-
wegt, ist gefährlich und vor allem bedrohlich.

Die Balance kann ich daher nicht länger halten und verlie-
re die Kontrolle.

Die Situation kennt nur eine Konsequenz: „Machtlosig-
keit".

Der freie Fall in den leeren Raum steht mir unmittelbar
bevor.

(Sommer/ Herbst 2002)

Die Überforderung   Teil 2

Abends bin ich früh müde und schnell erschöpft.

Nachts kann ich nicht mehr richtig schlafen.

Und ich höre nur noch: „Du musst, du musst, du
musst,…".

Der Erfolgsdruck ist enorm hoch.

Daher bin ich nur ein Nervenbündel, ein absolutes Wrack.

Somit bleibe ich nun stehend K.O. und stehe kurz vor
dem Nervenzusammenbruch.

(Frühjahr 2002)

Der Überlebenskampf   Teil 1

Ein neuer Lebensabschnitt beginnt und stets ist der Gedanke im Hinterkopf: „Der Kampf um das Überleben nimmt nun spürbar an Fahrt auf".

Dabei kann ich das Leben momentan nicht genießen, da ich während der Fahrt sehr starken Turbulenzen ausgesetzt bin, sodass der Kontrollverlust droht.

Geldsorgen tauchen zu allen Überfluss auf, die einen großen Platz in meinen Gedanken vereinnahmen, die sich jetzt nicht mehr verdrängen lassen, da sie die Weiterfahrt gefährden.

Eine schwer zu ertragende Tatsache, die ich vorläufig akzeptieren muss.

Denn eine Alternative ist mir zurzeit nicht in Aussicht gestellt.

„Wohin wird es mich führen"?

(Herbst 2009)

Der Überlebenskampf   Teil 2

Offen gesagt, weiß ich nicht, wo ich genau jetzt stehe.

Dabei erlebte ich bisher die Gesellschaft als Kriegsschau-
platz, brutal und rücksichtslos.

Waffenstillstand gab es kaum, und Frieden blieb leider nur
ein Wunschtraum.

Daher begab ich mich ständig auf das Schlachtfeld und
kämpfte um das nackte Überleben.

Meist gewann ich oder erzielte zumindest ein Teilerfolg.

Jedoch manchmal verlor ich auch und fragte mich: „Ein
Anzeichen von Lebensmüdigkeit"?

(Sommer 2019)

Die Todessehnsucht

Es gibt oft Situationen in meinem Dasein, da erscheint mir das Leben irgendwie überflüssig, sodass die Lust zu leben, verschwindet.

Daher habe ich zeitweilig das Gefühl, dass das gesamte Leben nur einen sinnlosen Kampf ums nackte Überleben repräsentiert, mit dem Ergebnis, dass ich früher oder später sowieso sterben muss.

Deshalb stelle ich mir immer häufiger die Frage: „Warum soll ich den sinnlosen Prozess des Lebens nicht beschleunigen"?

Eine starke Todessehnsucht überkommt mich nun, da ich zunehmend das Gefühl habe, die Quälerei, die in allgemeinen meist als Lebensprüfung gesehen und verstanden wird, hätte dadurch endlich ein wohlverdientes Ende gefunden.

Ich bin ehrlich gesagt auch nicht unbedingt der Kämpfer- oder Siegertyp, der alles meistert, nein, eher im Gegenteil, ein schwaches Glied in der Gesellschaft, das nicht über die nötige Kraft oder Motivation verfügt.

Und die wenigen sogenannten Highlights des Lebens können die negative Bilanz meines bisherigen Daseins nicht wirklich ausgleichen, sodass nicht der Tod beängstigend ist, sondern das Leben.

Die neue Chance

Monatelang zitterte ich um meinen Arbeitsplatz, da er mit meiner bisherigen Existenz verbunden war, die es mir immerhin ermöglichte, meine Miete zu zahlen, notwendige Kleidung zu kaufen, regelmäßig einen gefüllten Kühlschrank zu haben und darüber hinaus die Option verschaffte, mir kleine Wünsche zu erfüllen, die das Leben etwas erträglicher machen.

Doch plötzlich die Gewissheit, der Arbeitsplatz geht nun doch verloren, sodass das Gefühl entstand, vor dem Nichts zu stehen und blieb zunächst orientierungslos.

Die Situation drohte unerträglich zu werden, sich zu einer unlösbaren Aufgabe zu entwickeln, bis ich erkannte, dass die Krise auch eine Chance beinhaltet, nämlich mich dem Künstlertum stärker zu widmen.

Mit dieser Erkenntnis wurde mir bewusst, dass ich ohne die Kunst nicht in der Lage wäre, vorwärts oder rückwärts zu gehen, was einen Stillstand meiner Entwicklung zufolge hätte.

Der Stillstand meiner Entwicklung wäre in diesem Zusammenhang vergleichbar mit einem Herzstillstand, wo der Tod die unausweichliche Konsequenz wäre.

Da ich aber weiterleben möchte, muss ich meinen Weg als Künstler weitergehen, denn es ist mein unabänderliches

Schicksal diesem Weg, der mir eine neue Chance ermöglicht, zu folgen.

(Inspiriert durch Jan Hansen/ Reinhard Klos/ Albin Kummer)

(Sommer 2003)

Der neue Lebensabschnitt

Ein neuer Lebensabschnitt steht mir unmittelbar bevor,
sodass die Aufregung wächst, und die Spannung steigt.

Mein frühes Leben muss ich nun hinter mich lassen und
erkenne: „Eine Rückkehr gibt es nicht mehr".

Darum schaue ich auch nicht mehr zurück.

Es würde sich dadurch ohnehin nichts ändern.

Der Blick muss sich nach vorne orientieren, da ich nur so
in der Lage bin, mich den neuen Herausforderungen des
Lebens zu stellen.

Daher kann ich an dieser Stelle nur noch sagen: „Packen
wir es an"!

(Inspiriert durch Reinhard Klos/ Albin Kummer)

(Herbst 2015)

Das Gefühl der Ungewissheit

Ungewissheiten dringen in meine Gedankenwelt ein und
lassen mich nicht mehr los.

Sie haben quasi Besitz von mir ergriffen und beherrschen
mein gesamtes Gefühlsleben.

Unruhige Nächte und eine nie verschwindende Angst sind
dabei das Resultat meiner Gedanken.

Die Ungewissheiten haben nun die absolute Kontrolle
von mir übernommen.

Ein Ausweg ist nicht in Sichtweite.

So muss ich erkennen: „Widerstand ist zwecklos".

(Sommer 2004)

Das Zwiegespräch

So betrachte ich mich zuhause im Spiegel und frage mich:
„Wer bin ich? Und wo stehe ich jetzt"?

Es durstet mich nach Wissen und Erkenntnis und mir
wird bewusst: „Erkenne Dich selbst"!

Meist bewege ich mich unscheinbar, ruhig, unauffällig, fast
unsichtbar, aber dennoch rebelliere ich gegen meine Um-
welt und frage mich: „Warum"?

Mein Weg ist voller Stolpersteine und Hindernisse, an-
strengend und beschwerlich, sodass mich Ängste oder gar
Zweifel beschäftigen, aber trotzdem sage ich zu mir selbst:
„Gehe Deinen Weg"!

Nun befindet sich vor mir der Weg, beginne die Suche
nach der Grenze und erkenne, dass das Erreichbare un-
endlich ist.

So sehe ich mich letztlich als einen stillen Rebell, der sich
als ewig Suchender nach der Erkenntnis selbst findet.

(Herbst 2001)

(Inspiriert durch Torge Eipper/ Angelika Winter)

Die Widersprüchlichkeiten
des Menschen

Jedem einzelnen Menschen begegnet die Konfrontation mit sich selbst, sodass er gezwungen ist, sein eigenes Spiegelbild kritisch und genau zu betrachten und erkennt auf diesem Weg die Gegensätzlichkeit seines inneren Wesens.

Seine Gefühlswelt wird nun immer wieder durcheinandergewirbelt und gerät in starke Turbulenzen, sodass die Gegensätzlichkeit seines inneren Wesens ein Ausdruck der Widersprüchlichkeit repräsentiert.

All diese Widersprüchlichkeiten, die damit im Zusammenhang stehen, scheinen auf dem ersten Blick überhaupt nicht zusammenzupassen, aber dennoch gehören sie unwiderruflich zusammen.

Ein Zusammenspiel der Gegensätzlichkeit unseres inneren Wesens bleibt daher unvermeidbar, und die Frage nach dem Warum wird unausweichlich.

Vielleicht steht die Antwort in der sich jeweils befindlichen Situation unseres Lebens geschrieben, da wir unsere Entscheidungen selbst treffen müssen, ohne dabei tatsächlich zu wissen, ob es auch die richtige Wahl ist.

Die Widersprüchlichkeit des Menschen mit all seinen Fühlen und daraus resultierenden Handeln, lässt sich nicht wirklich erklären und bleibt daher ein offenes Geheimnis, aber trotzdem erkennt man die Notwendigkeit, da sie uns Menschen durch das gesamte Leben begleitet, uns die damit verbundene Last tragbar macht und letztlich die Möglichkeit des eigentlichen Lernens verschafft.

(Inspiriert durch Angelika Winter)

(Sommer 2002)

Das Zugeständnis
der Widersprüchlichkeit

Der Mensch steht in Widerspruch zu sich selbst.

Zugegeben, keine neue Erkenntnis, aber eine allgegenwärtige Tatsache, die jeder gerne versucht zu verdrängen.

Die Widersprüchlichkeit bleibt dadurch unverändert bestehen und nichts scheint diesem fragwürdigen Zustand verbessern zu können.

Daher müssen wir uns zur Widersprüchlichkeit bekennen und sie uns endlich zugestehen.

Nur so besteht die Chance, die Widersprüchlichkeit aufheben zu können.

Darüber hinaus wäre das Zugeständnis der Widersprüchlichkeit auch ein Beweis für die Lernfähigkeit des Menschen, aber bedauerlicherweise bleibt die Spezies Homo Sapiens ihn bisher schuldig, sodass am Ende Zweifel entstehen, die vermutlich nie verschwinden.

(Sommer 2002)

(Inspiriert durch Angelika Winter)

Die Seele des Menschen

Jeder Mensch weiß, er verfügt über eine Seele, aber dennoch muss er erkennen, dass er Schwierigkeiten hat, sie zu beschreiben.

Die Seele ist in unserem Inneren verborgen und daher für viele Menschen nicht sichtbar.

So kann niemand nach der Seele greifen oder sie gar berühren.

Vielmehr ist die Seele ein Ausdruck unserer Empfindungen, welche aus einen Bündel von Emotionen bestehen.

Dieses Bündel der Emotionen, wo die Gegensätze wie Liebe und Hass, Glückseligkeit und Trauer sowie Risikofreude und Angst eng beieinander liegen, lässt uns Menschen die Seele als ein unerklärliches Rätsel erscheinen.

Trotz aller Rätselhaftigkeit entdeckt der Betrachter, dass die Seele ein kostbares Gut ist, da die Emotionen den Menschen durch die Gesamtheit seines Lebens begleiten und das innere Wesen, welches insbesondere das Gewissen ist, zum Vorschein bringt, sodass sowohl sein Schicksal als auch dass seiner Mitmenschen entscheidend bestimmt werden kann.

(Inspiriert durch Angelika Winter/ Michael Passing/ Inge Koch)

Der Spiegel der Seele

Unsere Augen sind der Spiegel unserer Seele.

Schauen wir in sie hinein, erkennen wir unsere Gefühle
mit all seinen Hoch- und Tiefpunkten, nichts bleibt dabei
wirklich verborgen.

Das Leben wird dadurch zum offenen Buch.

Es lässt sich alles darin lesen.

Sind unsere Augen aber verschlossen, so ist unsere Seele
nicht mehr spürbar.

Unser Leben wird unsichtbar und bleibt letztlich ungele-
sen.

(Winter 2005)

(Inspiriert durch Jessika Kay)

Die Gefühlswelt des Menschen

Die Gefühlswelt des Menschen, soviel sei in jedem Fall
von vorne herein gewiss, bleibt ein ungelöstes Geheimnis,
das niemals ganz entschlüsselt werden kann, aber dennoch
wird hier der Anspruch erhoben, unsere Gefühlswelt zu-
mindest beschreiben zu wollen.

Zugegeben, ein schwieriges Unterfangen, unsere Ge-
fühlswelt beschreiben zu wollen, da Gefühle jederzeit
unverhofft auftauchen und auch wieder genauso ver-
schwinden können, sodass es quasi eine gewisse Unbere-
chenbarkeit bei uns Menschen erzeugt.

Die Unberechenbarkeit des Menschen und seiner Gefühle
drückt sich insbesondere durch dessen Komplexität aus,
da Gefühle unser Denken und Handeln beeinflussen, so-
mit verantwortlich für unsere Stimmungen und Empfin-
dungen sind und auf diese Weise Erwartungen und Sehn-
süchte wecken kann, die sich allerdings aber auch als Irr-
wege herausstellen können.

Deshalb wird nun immer spürbarer, dass Gefühle, die
sowohl Schwäche als auch Stärke zugleich demonstrieren
können, unser Leben steuern und dadurch zu einem ent-
scheidenden Prozess des Lernens für die Gesamtheit un-
seres Lebens werden.

Daher vergiss oder leugne nie, dass Gefühle ein Spiegel-
bild von uns selbst sind, da sie alles darstellen, was wir in
unserem Inneren besitzen.

Letztlich muss jeder erkennen, dass Gefühle, obwohl sie manipulierbar sind und uns bösartige Streiche spielen können, zu einer Notwendigkeit werden, da sie unsere Menschlichkeit charakterisieren.

(Inspiriert durch Angelika Winter)

(Sommer 1998)

Die Bedeutung der Gefühle

Gefühle sind eine merkwürdige Sache, sie beschäftigen uns ununterbrochen und scheinen keine Grenzen zu kennen.

Dabei verwirren und irritieren sie uns.

Sie spielen quasi ihre Mätzchen mit unseren Empfindungen.

Sie werden zu einem Füllstoff unserer Gedanken.

Ohne sie wäre unser Leben inhaltslos und leer.

Daher erzeugen sie eine gewisse Spannung und sind so etwas wie der Motor, der unser Leben in unterschiedliche Richtungen lenkt.

(Inspiriert durch Jessika Kay)

(Herbst 2007)

Die Macht der Gefühle

Es gibt manchmal Situationen, da durchlebe ich ein
Wechselbad der Gefühle.

Dabei geht bei mir das Stimmungsbarometer ständig rauf
und runter.

Daher werden meine Gefühle niemals kalkulierbar.

Eher im Gegenteil, sie sind unberechenbar, da ich nie
vorher weiß, was sie eigentlich mit mir vorhaben.

Durch diese Ungewissheit schalten meine Gefühle mehr
und mehr den Verstand aus, und ich begreife nicht mehr,
was mit mir geschieht.

Meine Gefühle haben jetzt die Oberhand über mich ge-
wonnen, und ich frage mich: „Wer bin ich überhaupt"?

(Herbst 2001)

(Inspiriert durch Angelika Winter)

Die Irreführung unserer Gefühle

Gefühle sagen uns nicht immer die Wahrheit.

Sie täuschen uns.

Sie führen uns in die Irre.

Wir sind ihnen häufig sogar hilflos ausgesetzt und ausgeliefert.

Selten können wir etwas dagegen tun.

Vorsicht ist also daher meist nicht möglich, eine Tatsache, der wir uns oftmals stellen müssen.

(Inspiriert durch Jessika Kay)

(Winter 2008)

Das Gefühl der Angst

Die Angst ist ein grausamer Begleiter, und ich gebe offen
zu: „Ich habe Angst, schreckliche Angst".

Die innere Unruhe, die mich stets quält und verfolgt, ver-
stärkt meine Angst in Form von Ratlosigkeit und Schlaflo-
sigkeit, und ich habe das Gefühl, nichts dagegen unter-
nehmen zu können.

Es ist sehr schwer, seine Angst zu beherrschen, und ich
fühle wie ein hilfloses und unbeholfenes Kind.

Die seelische und nervliche Anspannung wächst dabei
unaufhaltsam, dass mir eiskalt ein Schauer über den Rü-
cken läuft und eine Besserung meines Zustandes ist zur-
zeit nicht in Aussicht gestellt.

Meine Gedanken sind absolut blockiert und können sich
für andere Dinge nicht mehr öffnen, sodass auch eine
gewisse Ungewissheit bleibt, die für mich zu einer inneren
Zerreißprobe wird.

Schlussendlich kann ich nur abwarten und hoffen, dass
die Angst wieder verschwindet, da es furchtbar ist, Angst
zu haben, zumindest empfinde ich es so.

(Sommer 2001)

Das Trauma

Die Vorahnung eines Unheils lassen meine Gedanken im
Kopf kreisen und spielen verrückt, sodass ich das Gefühl
habe, wahnsinnig zu werden.

Die Gedanken lassen sich nicht mehr ausschalten, nicht
einmal ordnen, sie sind die Wiedergeburt eines Traumas,
das ich eigentlich zu vergessen hoffte.

Seelische Schmerzen, die unerträglich sind, quälen mich,
und ich durchlebe jetzt die Grausamkeit der Hölle.

Es ist verhängnisvoll, da ich keinen Ausweg erkenne und
die Kontrolle verliere.

Entsetzen ergreift Besitz von mir, da eine Fluchtmöglich-
keit für mich nicht mehr gegeben ist.

Daher bin ich nur noch mit meiner Angst beschäftigt, die
fast zu einem unlösbaren Konflikt für mich geworden ist
und mir das Gefühl vermittelt, allein zu sein, sodass ich
mir die Frage stellen muss: „Was soll ich nun tun"?

(Sommer 2001)

Die kranke Seele

Sorgen und Probleme beschäftigen unaufhörlich meinen Kopf, und ich habe zurzeit kaum eine Chance, sie wieder loszuwerden.

Daraus resultieren leider auch Fehler, die sich nicht vermeiden lassen, und ich frage mich: „Was habe ich bloß getan"?

Ehrlich gesagt, ich weiß es nicht genau und spüre nur das Gefühl, gelähmt, fast willenlos zu sein.

Daher verfüge ich nur über eine kranke Seele und bin starr vor Angst.

„Bin ich überhaupt noch zurechnungsfähig"?

„Eher zweifelhaft".

(Sommer 2001)

Die Angst vor dem Tod

„Wer hat Angst vor dem Tod"?

„Niemand"?

„Falsch, die meisten Menschen haben Angst davor".

Der Glaube an einen Weiterleben nach dem Tod ist häufig nur die Verdrängung dieser Angst.

Manchen Menschen bietet dieser Glaube an einen Weiterleben nach dem Tod darüber hinaus auch ein gewisses Maß an Trost, wenn jemand beispielsweise einen anderen Menschen, der einen Nahe stand, verloren hat, um im Leben überhaupt noch einen Sinn zu erkennen.

Jedoch bleibt am Ende nichts als die Ungewissheit, und genau das ist die Wahrheit, die niemand wirklich verdrängen kann.

(Inspiriert durch Angelika Winter/ Torge Eipper)

(Frühjahr 2001)

Dem Wahnsinn nahe

Die Verwirrung der Gefühle ist mein aktuelles Bewusst-
sein, und die Irritation wird zu einer vorhersehbaren Kata-
strophe.

Daher werden meine Gefühle zu einer menschlichen
Überforderung, deren Ausmaß noch ungewiss ist.

Die menschliche Überforderung wiederum wird für mich
zu einer schwertragenden Last.

Jeden Moment kann alles zusammenbrechen, und es
herrscht ein totales Chaos in meinem Kopf.

Das Gefühl, die Kontrolle über sich selbst zu verlieren
oder gar verrückt zu werden, entsteht.

Diese Gewissheit lässt mich das bevorstehende Grauen
erkennen, da ich dem Wahnsinn sehr nahe bin.

(Herbst 2001)

Die Bedeutung der Angst

Angst hat jeder von uns.

Das ist eine unbestreitbare Tatsache.

Dabei ist die Angst ein Ausdruck dafür, dass man etwas verlieren kann, was eine wichtige Bedeutung für uns hat.

„Ist es eine ständige Angst vor Verlust"?

„Oder ist die Angst sogar eine Form des Egoismus"?

Wenn diese Dinge tatsächlich der Realität entsprechen, so wird aus der Angst der natürliche Instinkt des Überlebens entstehen.

(Frühjahr 2001)

(Inspiriert durch Torge Eipper)

Die schmerzliche Erfahrung

Der Mensch empfindet Schmerzen, die seine Seele berühren, manchmal sogar ohne dass es im selbst bewusst ist.

Die schmerzliche Erfahrung zeigt uns, dass wir leben, aber sie erinnern uns auch an unsere Sterblichkeit, da wir verletzbar sind.

Diese Form der Verletzbarkeit ist Ausdruck eines Lebensgefühls, das zum Alltag unseres Daseins einfach dazugehört, und wir müssen es daher akzeptieren.

Das Akzeptieren ermöglicht uns Menschen überhaupt zu leben, da wir sonst bereits tot wären, ohne die Bühne des Lebens für immer verlassen zu haben.

Akzeptiere den Schmerz und jeder weiß, dass Freud und Leid meist eng beieinander liegt, als man eigentlich vermuten dürfte!

Diese Erkenntnis macht uns den Weg freier, leichter durch das Leben zu gehen, und die Schmerzen werden erträglicher.

(Anlass des Gedichtes? Der Tod einer nahestehenden Person.)

(Herbst 1998)

Schmerzlicher Verlust

Der Verlust einer nahestehenden Person.

Schockwirkung tritt ein.

Seelischer Schmerz entsteht.

Trauer wird zum Alltag.

Abschied ist angesagt.

Am Ende bleibt nur die Einsamkeit.

(Herbst 1998)

Die unveränderliche Tatsache

Eine Umkehr ist jetzt nicht mehr möglich.

Fassungslosigkeit entsteht.

Hilflosigkeit bleibt.

Sprachlosigkeit ist die Folge.

Nichts ist, wie es vorher war.

Was bleibt, ist die Ohnmacht.

(Sommer 2001)

Die Hilflosigkeit (Starr vor Angst)

Gefahr entsteht.

Furcht.

Panik.

„Was soll ich jetzt tun"?

Ratlosigkeit.

Ungewissheit.

(Sommer 2001)

Der Kriegsschauplatz und seine Konsequenzen

Der Tod wird zum ständigen Begleiter.

Kein Frieden erkennbar.

Nur Terror und Gewalt.

Zerstörung und Leid.

Trauer und seelischer Schmerz.

Und am Ende bleibt nur der Verlust.

(Herbst 2001)

Faschismus (Eine Form des Fanatismus?)

Eine absolut eingeschränkte Sichtweise einer extremen Gruppierung eines übersteigerten Nationalbewusstseins wird zur Konfrontation mit der Freiheit des Geistes.

„Folgt eine kleingeistige und gefährliche Verbohrtheit der politischen Wahrnehmung in Form von Verantwortungslosigkeit?"

„Ist Intoleranz daher ein Zeichen einer neugefundenen Normalität?"

Es folgt eine brutale und gewissenlose Rücksichtslosigkeit im Handeln, zementiert durch haltlose Verschwörungstheorien, die inhaltlich völlig aus der Luft gegriffen sind.

Blinde Zerstörungswut wird ab sofort zum Begleiter des Schreckens und der Angst.

Eine maßlose Selbstüberschätzung wird nun zur grausamen Konsequenz einer gesellschaftlichen Niederlage.

(Winter/ Frühjahr 2021)

(Inspiration? Das III. Reich und seine schmerzlichen Folgen. Ist diese Ideologie auch eine Gefahr für die Gegenwart? Ja, leider. Siehe AfD!)

Die AfD: Eine Partei mit Charakter?

Keine Bildung.

Keine Moral.

Keine Manieren.

Stattdessen ein offener Narzissmus.

Gepaart mit einem auffälligen Rassismus.

Und einen latenten Faschismus.

(Inspiriert durch C. Alonso/ Reinhard Klos)

(Sommer 2019)

Das Christentum (Der gesellschaftliche Maßstab?)

Geburt.

Tod.

„Wiederauferstehung"?

Dreifaltigkeit.

Zweiheiligkeit.

Eingläubigkeit.

(Inspiriert durch Jessika Kay/ Olaf Kay)

(Winter 2008)

Nur ein Wunschtraum?

Kultureller Austausch?

Multikulturelle Gesellschaft?

Eine weitgehende Toleranz?

Eine friedliche Koexistenz?

Kein Kriegsgeschrei mehr?

„Alles nur Utopie"?

(Winter 2001)

Die drei Gebote (Lebensregeln)

„Die Suche nach einem erstrebenswerten Ideal in der Gesellschaft"?

„Ein unerreichbares Ziel"?

„Oder gibt es doch ein Lichtblick am Horizont"?

1.) gut denken.

2.) gut sprechen.

3.) gut handeln.

(Sommer 2019)

(Inspiriert durch Olaf Kay)

Die Existenzgefährdung

Bleibende Erfolglosigkeit.

Keine Perspektive mehr erkennbar.

Keine Zukunft wird sichtbar.

Existenzangst entsteht.

Schlaflose Nächte sind die Folge.

Am Ende steht die Ungewissheit.

(Sommer 2001)

Die Kraftlosigkeit (Persönliche Realität?)

Lähm-Zustand tritt ein.

Bewegungsunfähigkeit entsteht.

Keine Motivation mehr.

Nur noch Lustlosigkeit.

Totale Müdigkeit.

Fehlender Antrieb.

(Frühjahr 2002)

Fehlendes Selbstbewusstsein (Ein Gefühl der Wertlosigkeit?)

Kein Glaube mehr.

Kein Vertrauen zu selbst.

Mutlosigkeit.

Tatenlosigkeit.

Passivität.

Ziellosigkeit?

(Sommer 2002)

Große Sorgen (Eine Überlastung des Alltags?)

Unruhe entsteht.

Ständig Aufruhr im Bewusstsein des Menschen verankert.

Quälende Gedanken im Kopf.

Ängste und Probleme werden jetzt endgültig spürbar.

Ungewissheit wird zur neuen Normalität.

Und keine Entlastung erkennbar

(Frühjahr 2002)

Die Verzweiflung (Ausweglosigkeit?)

Alles gerät außer Kontrolle.

Überforderung.

Unzufriedenheit.

Ein Wechselbad der Gefühle entsteht.

Stimmungsschwankungen.

Endzeitcharakter.

(Frühjahr 2001)

Die Gefahr der Sucht
(Selbstzerstörung?)

Gewohnheit.

Verlangen nach mehr.

„Ein Auskommen ohne diese Dinge ist nicht mehr vor-
stellbar"?

Abhängigkeit.

Kontrollverlust.

„Der Anfang vom Ende"?

(Sommer 2001)

Die Monotonie (Keine geistige Öffnung für neue Dinge?)

„Langweilig"?

Dinge werden zu einer Gewohnheit.

Routine entsteht.

Lustlosigkeit kommt auf.

Niemand weiß dabei wirklich, etwas mit sich selbst anzu-
fangen.

„Eine Tatsache, die uns bewusst ist"?

(Frühjahr 2001)

Der Neid (Selbstzerfleischung?)

Andere haben Erfolg.

„Warum"?

Konkurrenzdenken.

Missgunst.

„Auch Hass"?

Nur noch eine Frage der Zeit.

(Herbst 2001)

Die Habgier (Ellenbogengesellschaft?)

Geldgier.

Machtgier.

Das Gefühl, alles besitzen zu wollen.

Keine Grenzen zu kennen.

Rücksichtslosigkeit.

Jedoch bleibt man am Ende allein.

(Winter 2001)

Die Gutmütigkeit (Eine Form der Naivität?)

Anfängliche Zufriedenheit.

Das Gefühl, gebraucht zu werden.

Plötzlich eine bittere Erkenntnis.

Ausgenutzt.

Ausgebeutet.

Keine echten Freunde, nur Enttäuschung.

(Sommer 2003)

Die Enttäuschung (Fehleinschätzung?)

Verzweiflung kommt auf.

Wut bricht aus.

Zorn entflammt.

„Hass wird unvermeidbar"?

Die Selbstbeherrschung geht verloren.

Aggressionen kennen nun keine Kontrolle mehr.

(Sommer 2002)

Das Misstrauen (Kontrollzwang?)

Enttäuschung.

Zweifel, die nie mehr verschwinden.

„Wo ist das Vertrauen geblieben"?

Verschwunden.

Nichts ist mehr da.

Der Wunsch nach Kontrolle wächst.

(Frühjahr 2003)

Risikofreude (Spieltrieb?)

Großes Selbstvertrauen.

Kaum ein Gefühl der Angst.

Die Liebe zum Wagemut wächst.

Abenteuerlust wird geweckt.

Die Chance, alles zu gewinnen.

Ein Gefühl der Spannung entsteht.

(Sommer 2002)

Die Widersprüchlichkeit: Unser menschliches Dilemma?

Der Mensch, schwankend zwischen Gefühl und Verstand.

Nie kann er sich eindeutig entscheiden.

Der Spiegel der Gegensätzlichkeit wird jetzt spürbar.

Zunächst findet der Verstand seine Zustimmung.

Jedoch sein Gefühl widerspricht ihm.

„Was nun"?

(Sommer 2015)

(Inspiriert durch Jessika Kay)

Die verborgenen Sehnsüchte

Die Einsamkeit stimmt mich zur Nachdenklichkeit.

Die Nachdenklichkeit erweckt bei mir jetzt die Neugier.

Die Neugier charakterisiert meine verborgenen Sehnsüchte nach Geborgenheit und Zärtlichkeit.

Die verborgenen Sehnsüchte drücken wiederum mein unstillbares Verlangen nach Berührung und die damit verbundene emotionale Nähe aus.

Dabei symbolisiert die Berührung für mich so etwas wie das Spüren beziehungsweise das Nachempfinden von menschlicher Wärme.

Daher gestehe ich nun, dass die menschliche Wärme meine heimliche Hoffnung nach Zweisamkeit ist, die aber letztlich unerfüllt bleibt.

(Frühjahr 2003)

(Inspiriert durch J. Cervantes)

Die Aufforderung zur Lust

Endlich möchte ich wieder meinen Kopf gedanklich frei-
machen und meine Depressionen loswerden.

Endlich möchte ich wieder Freude in meinen Leben.

Endlich möchte ich wieder eine Auftriebsstimmung in
meinem Dasein.

Endlich möchte ich wieder den Körper einer attraktiven
Frau genießen.

Endlich möchte ich wieder dabei die Lust zu leben spü-
ren.

Endlich möchte ich wieder geil sein.

(Sommer 2003)

(Inspiriert durch J. Cervantes)

Die Begierde

Der Anblick einer attraktiven Frau.

Magische Anziehungskraft.

Der Genuss des Betrachtens entsteht.

Grenzlose Phantasie.

Der Wunsch nach Berührung wächst.

Das Verlangen nach Berührung kennt nun kein Zurück
mehr.

(Frühjahr 2003)

(Inspiriert durch J. Cervantes)

Die Erfahrung mit der Sinnlichkeit

Wir spüren unseren Körper am Strand, wo das Wasser die
Glieder umspült und die Sonne auf die nackte Haut
brennt, wo der Körper schwitzt und sich begehrenden
Blicken aussetzt.

Es entsteht nun ein Augenblick der bewussten Wahrneh-
mung unserer Sinne.

Der Körper ist uns auf selbstverständlicher Weise gegen-
wärtig.

Wir haben quasi nur unseren Körper.

Wir erkennen in dieser Situation, wir sind noch Tiere, ein
Teil der Natur und hängen von ihr ab.

Daher müssen wir ein neues Bewusstsein von Kopf bis
Leib entdecken, da wir nur so mit der ganzen Welt ver-
bunden sein können.

(Sommer 2003)

Die Lust zu leben

Es ist für mich reizvoll, lustvoll zu sein.

Begierde und Verlangen überkommt mich.

Der Antrieb des Lebens nimmt seine Funktionen auf.

Daher ist die Suche nach Lebendigkeit gefordert.

Das Spüren des Lebens steht immer stärker im Mittel-
punkt meines Daseins.

Die Intensität des Fühlens erreicht jetzt große Dimensio-
nen, die den Spannungsbogen zum absoluten Höhepunkt
treibt, und das Leben wird dadurch für mich zum genuss-
reichen Ereignis.

(Sommer 2003)

(Inspiriert durch J. Cervantes)

Die Bedeutung der Leidenschaft

Im Wort Leidenschaft steckt das Wort leiden.

Leiden bedeutet hierbei mitfühlen, nachempfinden, Hingabe, Temperament, quasi eine Explosion der Gefühle und ist dadurch verantwortlich für unsere Hoch- und Tiefpunkte.

Es ist Ausdruck unserer Sensibilität und zeigt uns auf diese Weise die Verletzbarkeit unseres Daseins.

Dabei ist die Sensibilität auch die empfindbare Stelle unseres Egos, die Gefühle in unterschiedliche, teilweise sogar gegensätzliche Richtungen steuern kann.

Die Unberechenbarkeit unserer Gefühle wird zur unvermeidlichen Tatsache.

Diese unvermeidliche Tatsache macht uns deutlich, dass die Leidenschaft, die wir stets in uns verspüren, eine Garantie dafür sein kann, dass wir Menschen doch über eine Seele verfügen, die uns die Bedeutung unseres Lebens lehrt.

(Sommer 2001)

Die Bedeutung der Liebe

„Liebe ist nicht nur ein Wort"?

In jedem Fall muss der Egoismus auf ein gesundes Maß
reduziert werden.

Hingabe ist nun gefordert.

Opferbereitschaft wird verlangt.

Aufeinander zugehen ist angesagt.

Und gegenseitiges Vertrauen wird zur absoluten Voraus-
setzung.

(Sommer 2001)

Das unbeschreibliche Gefühl

Ein enormes Glücksgefühl überkommt mich, wenn ich
Dich sehe.

Es ist schwierig, es zu beschreiben.

Du musst es einfach fühlen und erleben.

Die Lebensfreude scheint dabei eine unglaubliche Domi-
nanz auf mich auszuüben.

Es ist wie eine Magie, die mich verzaubert.

Dieses Gefühl ergreift Besitz von mir, und ich habe kaum
eine Chance mich dagegen wehren zu können.

(Frühjahr 2003)

(Inspiriert durch J. Cervantes)

Eine Herzensangelegenheit

Ich möchte Dein Herz gewinnen.

Ich möchte Deine Gegenwart genießen.

Ich möchte Dir dabei in die Augen schauen.

Ich möchte Dich nun endlich umarmen.

Ich möchte die Wärme Deines Körpers spüren.

Ich möchte Dir in diesem Augenblick sehr nahe sein.

(Frühjahr 2003)

(Inspiriert durch J. Cervantes)

Das unerwartete Gefühl

„Was ist es bloß für ein Gefühl"?

„Freundschaft oder Zuneigung"?

„Vielleicht sogar mehr"?

Ehrlich gesagt, weiß ich es nicht genau.

Auf jedem Fall hätte ich nie gedacht, dass mir so etwas
passiert.

Daher sind Gefühle oftmals unerwartet vorhanden und
dadurch unberechenbar, fast gefährlich.

(Frühjahr 2003)

(Inspiriert durch J. Cervantes)

Die ungewisse Liebe

Gewisse Gefühle sind für Dich vorhanden, die ich weder
leugnen noch ignorieren kann.

Ich muss mich mit diesen Gefühlen auseinandersetzen, ob
ich will oder nicht.

Dabei verfügen meine Gedanken nicht über eine klare
Linie.

Daher bin ich hin- und hergerissen in meinen Gefühlen zu
Dir.

„Ist es bei Dir tatsächlich Aufrichtigkeit oder doch nur ein
böses Spiel"?

Am Ende bleibt leider nur Ungewissheit, die nicht zu ver-
schwinden scheint.

(Frühjahr 2003)

(Inspiriert durch J. Cervantes)

Neuentflammte Liebe

Unerwartet sind alte Gefühle wieder aus der Versenkung aufgetaucht, und das Feuer der Leidenschaft ist erneut entflammt.

Vorsicht ist nun geboten.

Denn ich muss das Feuer zunächst aus der sicheren Distanz betrachten.

Dabei darf ich das Feuer nicht so nahe an mich herankommen lassen, da erfahrungsgemäß die Gefahr besteht, dass ich mich doch wieder verbrenne.

Dafür brauche ich, soviel sei hier gewiss, die nötige Gelassenheit, darf mich nicht in Panik versetzen lassen, muss die Ruhe bewahren, da das Feuer jederzeit außer Kontrolle geraten kann.

Daher besteht nur so die Möglichkeit, die Gefahr des neuentflammtem Feuers gering zu halten.

(Sommer 2003)

(Inspiriert durch J. Cervantes)

Die vergebene Chance

Fehler machen für mich die Liebe unerreichbar, und Gefühle werden dadurch nicht erwidert.

Ein Gefühl des Selbstzweifels und der Niedergeschlagenheit überkommt mich nun, da sich meine Gedanken über eine vergebene Chance den Kopf zerbrechen.

Daher werden meine Gedanken zu einer inneren Zerreißprobe, die bei mir einen seelischen Schmerz auslöst.

Traurigkeit und Enttäuschung sind momentan das Resultat meiner Fehler.

Ein Ausdruck von Betroffenheit zeichnet sich immer stärker ab, dessen Ende zurzeit nicht absehbar ist.

Diese Ungewissheit ruft Depressionen bei mir hervor, sodass mir eigentlich nach weinen zumute ist, aber das Gefühl der Hilflosigkeit es leider nicht zulässt.

(Sommer 2003)

(Inspiriert durch J. Cervantes)

Die Selbstkritik

„Wo war ich bloß mit meinen Gedanken"?

Mit den Gedanken war ich stets bei Dir.

Nur bewusst war ich es mir nicht.

Ich weiß: „Ich habe einen Fehler gemacht".

Unverzeihlich und leider auch nicht mehr zu ändern.

Daher muss ich nun die Konsequenzen tragen, ob ich will
oder nicht.

(Sommer 2003)

(Inspiriert durch J. Cervantes)

Erloschene Gefühle

Gefühle sind zweifelsfrei abhanden gekommen.

Schwer wieder auffindbar.

Denn die Distanz wird zunehmend größer.

Alles erscheint dadurch unerreichbar.

Die Infrage-Stellung wird daher unausweichlich.

Am Ende bleibt letztlich nur noch Leere, die eine
unausfüllbare Lücke hinterlässt.

(Sommer/ Herbst 2003)

(Inspiriert durch J. Cervantes)

Die geweckte Sehnsucht

Eine Frau weckt bei mir eine verborgene Sehnsucht nach
Zweisamkeit und menschlicher Wärme.

Dabei wird die Sehnsucht für mich zur unerträglichen
Qual, da sie sich als etwas Unerfüllbares entpuppt.

Der Bordellbesuch wird hierbei als fauler Kompromiss
enttarnt.

So muss ich erkennen: „Spaß und Vergnügen sind auf
Dauer kein Ersatz für ein echtes Gefühl".

Daher bewegt sich für mich die Vergangenheit letztlich
nur auf der Oberfläche.

Nun ändert sich alles, nichts ist wie es vorher war, und es
bleibt abzuwarten, wohin mich dieses unerwartete Gefühl
in Zukunft hinführen wird.

(Sommer/ Herbst 2003)

(Inspiriert durch J. Cervantes)

Der unerfüllbare Traum

Vor kurzem habe ich sie wiedergesehen.

Jedoch spürte ich kein Feuer der Leidenschaft mehr.

„Ist die Vergangenheit nur ein Gefühl der Selbsttäuschung
gewesen"?

Sehr wahrscheinlich habe ich mich in etwas hineingestei-
gert, was vermutlich nie wirklich vorhanden war.

Es war quasi nur ein Wunschdenken, eine Sehnsucht nach
Zweisamkeit, die irgendwo im tiefsten Inneren bei mir
verborgen ist.

Am Ende bleibt das Resultat, dass mein Wunschdenken
letztlich nur ein Ausdruck eines unerfüllbaren Traumes
entlarvt.

(Herbst 2003)

(Inspiriert durch J. Cervantes)

Lebensfreude (Die Leichtigkeit des Seins?)

Gute Laune.

Positive Stimmung.

Lebendigkeit.

Fröhlichkeit.

Heiterkeit.

Grenzlose Ausgelassenheit.

(Winter 2001)

Humor (Eine Form der Intelligenz?)

Originell.

Witzig.

Esprit.

Die Fähigkeit, die Dinge leichter zu nehmen.

Die Möglichkeit, auch jederzeit lachen zu können.

Balsam für die Seele.

(Sommer 2001)

Die Nachdenklichkeit (Die Reflexion des Geistes?)

Gedanklich die Oberfläche verlassen.

Das Gehirn aktivieren.

Intensiv grübeln.

Alles infrage stellen.

Zweifeln.

„Wo sind jetzt die richtigen Antworten"?

(Sommer 2001)

Der Lernprozess (Lebenserfahrungen)

Fehler passieren.

Manchmal sind sie sogar unvermeidbar.

Ein Konflikt entsteht.

Die Konfrontation wird unvermeidlich.

„Wo ist hier die Handlungsfähigkeit geblieben"?

Einsicht ist nun gefordert.

(Frühjahr 2001)

Der Geistesblitz
(Ein Gedankenpuzzle?)

Unruhe kommt auf.

Kopfzerbrechen ist angesagt.

Die Suche nach der passenden Antwort beginnt.

Erkenntnis zu erlangen, ist hier selbsterklärt das Ziel.

Inspiration ist dabei das richtige Stichwort.

Endlich, die Lösung ist gefunden.

(Sommer 2001)

Das Warnsignal

Ein Schicksalsschlag hat mich verändert, nachdenklich gemacht.

Ich bin nicht mehr der gleiche Mensch wie vorher.

Daher betrachte ich das Leben aus einer anderen Perspektive.

Dabei begreife ich immer mehr, dass jetzt der Zeitpunkt erreicht ist, dass etwas in meinem Leben passieren muss.

Denn der Schicksalsschlag war ein unüberhörbares Warnsignal, welches ich nicht mehr ignorieren kann.

Diese Tatsache macht mir nur klar, ich muss endlich leben, intensiver leben, bevor alles zu spät ist.

(Inspiriert durch Reinhard Klos)

(Sommer/Herbst 2003)

Die Neuordnung des Lebens

Es ist für mich der Zeitpunkt gekommen, mir eine Auszeit zu gönnen, um den Kopf wieder frei zu haben.

Die Konzentration reduziert hierbei alles nur auf das Wesentliche, nämlich auf die Erreichung des Ziels.

Das Ziel heißt nun Neuordnung des Lebens.

Dabei wird alles andere nebensächlich, ist quasi ohne Bedeutung.

Nichts darf mich unnötigerweise ablenken.

Es besteht für mich sonst die Gefahr, das Ziel aus den Augen zu verlieren, und genau dies möchte ich nicht.

(Sommer 2003)

(Inspiriert durch Reinhard Klos)

Klappentext und Autorenvita

Der Autor Jan Kern, Jahrgang 1968, ist langjähriger Single und überzeugter Nichtraucher.

Der Spiegel der Seele

Unsere Augen sind der Spiegel der Seele.

Schauen wir in sie hinein, erkennen wir unsere Gefühle mit all seinen Hoch- und Tiefpunkten, nichts bleibt dabei wirklich verborgen.

Das Leben wird dadurch zum offenen Buch.

Es lässt sich alles darin lesen.

Sind unsere Augen aber verschlossen, so ist unsere Seele nicht mehr spürbar.

Unser Leben wird unsichtbar und bleibt letztlich ungelesen.

Auch erhältlich

Thomas Sichelschmied
Marsdämmerung

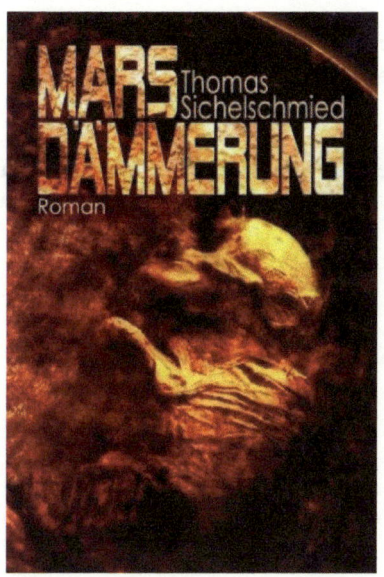

2087, der Kontakt zur Relaisstation MZ-4 auf Phobos, dem größeren der beiden Marsmonde, ist abgebrochen. Alle Versuche, die Probleme von der Erde aus zu beheben, schlagen fehl. Ein Schiff mit Technikern an Bord wird entsandt. Unter ihnen befindet sich auch Simon Hauser, ein Wartungsarbeiter für Ibu-Profatoren. Wobei Profatoren nur wenig mit solaren Sendeanlagen gemein haben und er sich schon fragt, weshalb man gerade ihn für diesen Auftrag ausgewählt hat.

Angekommen auf MZ-4, finden sie die Station verlassen vor. Gravitation und Sauerstoff sind noch intakt. Auf den Gängen verstreut, liegen bizarre fleischliche Gebilde und lange Schlieren, wie von Raubtierkrallen gezogen, verlaufen im Stahlkomposit der Wände. Was auch auf MZ-4 geschehen sein mag, es ist nicht gut ausgegangen.

Doch erst als die Veränderungen beginnen, erkennen Hauser und seine Kollegen, in welchen Albtraum sie tatsächlich geraten sind.

Marsdämmerung – eine Hommage an die blumigen 3-D-Spiele der 90er-Jahre

Ab Mitte 2021 erscheint die Marsdämmerung als Neuauflage im KOVD-Verlag